JN112459

職場体験
完全ガイド 会社員編

三井不動産
大林組
ダイワハウス
乃村工藝社

72

建てもの・空間をつくる会社

職場体験完全ガイド 会社員編 もくじ ･･････････････

＊本書掲載の内容は 2021 年 3 月末現在のものです。

この本で紹介している企業の 「SDGsトピックス」について

●わたしたちが地球にくらしつづけるために、企業としてできること

SDGsは2015年に国連で採択された、「持続可能な開発」のための国際社会共通の目標です。「持続可能な開発」とは、未来の世代がこまることのないように、環境をまもりながら現在の世代の要求を満たしていくことです。2016年から2030年の15年間で、17の目標の達成をめざすことが決められました。採択には日本をふくむ150以上の国連加盟国の首脳が参加しました。

SDGsは世界共通のものさしであり、国、組織、企業、学校、個人などそれぞれの立場で目標に取りくむことが可能です。企業には、その社会における責任をはたすために、技術や知恵、資金をいかして課題の解決に取りくむことが期待されています。とりくみを進めることで企業価値が高まり、新たな事業が生まれるという利点もあります。

この本では、環境保護や社会貢献活動といったサステナビリティ（持続可能性）を重視する企業を取材し、その企業がとくに力を入れているとりくみや、みなさんに知ってほしいトピックスを選んで紹介しています。

SDGsの17の目標

SUSTAINABLE
DEVELOPMENT
GOALS

目標1
貧困を
なくそう

目標2
飢餓を
ゼロに

目標3
すべての人に
健康と福祉を

目標4
質の高い教育を
みんなに

目標5
ジェンダー平等を
実現しよう

目標6
安全な水とトイレ
を世界中に

目標7
エネルギーをみんなに
そしてクリーンに

目標8
働きがいも
経済成長も

目標9
産業と技術革新の
基盤をつくろう

目標10
人や国の不平等
をなくそう

目標11
住み続けられる
まちづくりを

目標12
つくる責任
つかう責任

目標13
気候変動に
具体的な対策を

目標14
海の豊かさを
守ろう

目標15
陸の豊かさも
守ろう

目標16
平和と公正を
すべての人に

目標17
パートナーシップで
目標を達成しよう

三井不動産
（みついふどうさん）

ビルディング事業二部 事業グループ
花島凜子さんの仕事
（はなしまりんこ）

三井不動産は東京都中央区に本社を置く、オフィスビルや商業施設などの開発から、街全体の開発までを手がける企業です。ここでは開発担当として、新しくつくる街の企画や、建設工事など開発事業全体の管理を行う、花島凜子さんの仕事をみてみましょう。

三井不動産

三井不動産は、街を構成するさまざまな施設を手がけたり、土地を取得してその地域の開発をしたりする会社です。施設の運営もしています。社会と環境の共生に配慮し、地域の自然や文化を残した街づくりにとりくみ、世の中に貢献しています。

三井不動産株式会社
本社所在地 東京都中央区　**創業** 1941年　**従業員数** 1,678名（2020年3月31日現在）

快適で充実した時間をすごせる
オフィスビルや商業施設をつくる

いろいろな企業が入っているオフィスビルには、店や郵便局などの公共施設もつくられ、ビルがひとつの街のようになって、そこではたらく人が使いやすいくふうがされています。

近所の人が自由に入れる空間もつくり、地域への貢献も大切にしています。

多くの人がおとずれる商業施設は、買いものができるだけでなく、楽しくゆたかな時間をすごせる場所になるように開発しています。

▶ 1968年に建てられた「霞が関ビルディング」は、日本初の高層ビルです。3度の大規模改修をへて、50年以上たっても、より便利に進化して、使いつづけられています。

◀ 1981年に誕生した「ららぽーと」は、2020年現在、全国に16施設あります。はば広い世代の人が楽しめるお店やレストラン、エンターテイメント施設が集まっています。

時代の変化を先どりし、
新しい価値を生みだす街づくり

あるエリアに、住宅や商業施設、オフィスビル、宿泊施設、公園などをつくって地域ごとに開発する「街づくり」は、三井不動産の力が発揮される事業です。その街にどんなものが必要か、どのようにしたら人が集まってにぎわいができるか、未来を考えながら、さまざまな施設をつくります。できたあとも、時代の変化に合わせ、より使いやすく改良していき、使いつづけられるようにしています。

◀▲ オフィス、住宅、ホテル、お店、美術館などがある「東京ミッドタウン」（左）は、都市に必要な機能がそなわった複合施設です。ゼロから街をつくった「柏の葉スマートシティ」（上）は、自動運転バスの実証実験を行うなど、未来に向けたとりくみも行われています。

日本の開発技術をいかし海外でも事業を展開

三井不動産は1972年から海外で事業をはじめ、アメリカ、ヨーロッパ、アジアの各地域で事業を展開しています。日本での開発技術をいかしつつ、街を使う人たちの習慣や文化のちがいもよく考えて、現地の人たちと協力し、相談しながら、喜ばれる街づくりをしています。

▶アメリカのニューヨークの中心、マンハッタン地区で開発している大型オフィスビル「50ハドソンヤード」は2022年に完成予定です（イメージ図）。

商業施設と連携して新しいサービスを提案

新しい技術を使い、買いものをする人が便利になるくふうをしています。ショッピングサイト「&mall」は、ららぽーとなどの商業施設と連携し、施設内の店の商品をインターネットで購入できたり、在庫の確認ができたりするサービスです。店の人がおすすめする商品を見ることができたり、店で商品を見て、サイトで購入できたりするなど、さまざまな活用法を提案しています。

▶「&mall」は、お店での買いものとネットショッピングを組みあわせて、いろいろな方法で買いものを楽しめます。

三井不動産の SDGsトピックス≫

 7 エネルギーをみんなにそしてクリーンに

 8 働きがいも経済成長も

 9 産業と技術革新の基盤をつくろう

 11 住み続けられるまちづくりを

「日本橋再生計画」～日本橋にかつてのにぎわいをとりもどす

東京都中央区の日本橋は、江戸時代には五街道*の起点として日本の中心となった土地でしたが、1990年代には、不況などによりにぎわいがうすれていきました。三井不動産では昔のような活気をとりもどすため、地域の人たちといっしょに、「日本橋再生計画」を進めています。商業施設やオフィス、ホールなどさまざまな施設をつくることで、仕事や買いもの、文化活動など、いろいろな目的で街をおとずれる人をふやしました。また、安定したエネルギーを街に供給できる施設をつくるなど、新しい産業も生みだし、人が集まる場所をつくりつづけています。

多くの人がおとずれる「COREDO室町」です。古くからある伝統的なお店や神社などの文化や景観を残したり、よみがえらせたりしています。日本橋再生計画はいまも進行中で、日本橋地区はこれからも進化していきます。

＊東海道、中山道、日光街道、奥州街道、甲州街道の5つの道のこと。江戸時代に江戸と周辺各地を結ぶために、日本橋を起点にして整備されました。

ビルディング事業二部 事業グループ
花島凜子さんの仕事

花島さんは、ビルディング事業二部で、街を開発する仕事をしています。開発が決まった土地にどんな施設をつくればよいか考え、関係するいろいろな人たちと話しあいながら、街の方向性を決めていきます。そしてスケジュールを立て、建てものの設計から工事までの作業を建設会社などに依頼し、確認します。

街開発の企画をまとめる

■どんな街にするか考えて話しあう

ある場所に街を開発することが決まると、花島さんたちの部署でチームがつくられ、どんな街にするか検討をはじめます。まず、その土地にいま、どんな人が住んでいて、どんな目的でどのくらいの人がおとずれているのかなどを調べて、街の特徴を理解します。

そして、オフィスビルや商業施設など、未来に必要とされるものを考えるだけでなく、その土地の歴史や文化も調べ、何を残すのかも検討します。

■土地の持ち主や役所、関係部署に意見を聞く

どんな街にするかは、その街に住む人やおとずれる人にとって、とても大事なことです。土地の持ち主や役所、住人などとも、どんな街にしたいか何度も話しあいます。

また、営業部の人にオフィスビルに必要なことを聞いたり、完成した施設を運営する部署の人に、人が集まる人気の施設の情報をもらったりして、どんなビルを建設するのがよいかも具体的に考えます。

いろいろな意見を聞いて、まとめるのは花島さんのチームの大きな役割です。地域の人たちに貢献できる企画を提案して、意見をまとめます。

■利益が出るように開発の予算を立てる

街を開発するには、建てものの建設費など、たくさんのお金がかかります。そのため、街ができたあと、ビルをオフィスや店としてかしたり売ったりして、収入になるお金やかかるお金などを計算をして、利益が出るか確認するこ

チームの人たちと、開発する街の特徴を話しあい、アイデアを出します。

社内の資料室で関係する本を
確認するなど、研究します。

とも必要です。花島さんたち
は、経理の人にもアドバイス
をもらって、計算します。

利益が出て街が運営できる
ことがわかり、地域の人や役
所など、関係する人たちに企
画への賛同をもらえたら、建
てものの設計や工事にとりか
かることができます。

こうして街開発の企画が
決定するまで、多くの場合、少
なくとも2～3年かかります。

設計を依頼する

■街開発の企画に合う 会社を選ぶ

街開発の企画が決まると、
花島さんのチームは、街がで
きるまでのスケジュールを計
画し、予定どおりに設計や工
事が進むように管理します。

建てものの設計や工事を依
頼する会社を選ぶため、いろ
いろな設計事務所や建設会社
から提案してもらいます。デ
ザインや使いやすさ、機能な
ど、企画した街を実現するの
にふさわしい提案をしてくれ
た会社を選び、発注します。

設計図は、じっさいのサイズを考
えながら、設計に問題がないか、
使い勝手はよいかなど確認します。

じっさいのサイズは、三
角スケールという道具で
確認します。いろいろな
縮尺の目盛りが3つの面
についていて、計算をし
なくてもじっさいのサイ
ズがわかります。

■提案された設計図を 確認して改良する

提案された内容がそのまま
建てものになるわけではあり
ません。花島さんたちは、提
案をもとに設計図を確認しな
がら、設計事務所や建設会社
と話しあいを重ねて、より使
いやすい、地域の人に喜ばれ
る建てものになるように、改
良していきます。

工事現場の確認をする

■建設工事を行うための 手つづきをする

工事をはじめるときには、
役所の許可をもらう必要があ
るので、建設会社と協力して
手つづきを行います。手つづ
きが完了すると、建設工事が
はじまります。

■工事内容を確認し 設計を見なおす

工事がはじまったあとも、
設計の細かい部分を見なおす

ことがあります。また、その場でビルのかべ紙や家具などを選んだり決定したりすることも多いため、工事現場には

気になる点があれば、設計図を見ながら、建設会社とどのように改善したらよいか話しあいます。

週に1～2回、足を運びます。

■危険や不具合がないか現場で確認する

建てものができてくると、花島さんのチームは工事の検査をします。現場検査では、ゆかに段差やみぞがあって歩きにくいところはないか、危険はないかなどを調べます。また、かべの塗装にムラがないか、手すりの角がとがっていないかなど確認し、修正が必要なところを見つけたらなおしてもらいます。

こうした検査を重ねて、建

てものが完成します。通常、設計から工事まで、4～5年で完了します。

工事をしている途中の現場で、危険や不具合がないか、担当者と話しながら確認します。

街びらきの準備をする

■企画の段階から街の情報を発信する

施設が完成して新しい街ができると、店が営業し、オフィスビルに入った会社にも人が移動してきて仕事がはじまる「街びらき」となります。

この日に向けて、街の情報発信をします。企画の段階から「こういう街にしたい」と決めたことをメディアの人たちに伝え、完成までも多くの人に興味をもってもらえるように、街の特徴や魅力を発信

していきます。

■興味をもつ人たちに建てものを案内する

完成が近くなると、建てものに入居を考える会社の人や、街の開発を行う他社の人が勉強のために、建てものを見にきます。花島さんは、そうした人への案内役もしています。

こうして、それぞれの施設に会社やお店などが入って街びらきをむかえます。街びら

きでは、トークイベントやコンサートなどを開くこともあります。

建てものを利用しようと考えている人たちに、ビル内の施設を案内します。

三井不動産の花島凜子さんに聞きました

● インタビュー

開発した街にいる人たちが
笑顔で楽しそうだとうれしい

東京都生まれ。アウトドアスポーツが好きで、子どものころ、テニス、水泳、サッカーを習い、いまはテニスとスキーをすることが多いです。小学生のとき、設計に興味をもち、大学で設計を学び、大学院のときには、ドイツへの留学も経験しました。2019年に三井不動産に入社、東京都江東区の豊洲の開発を担当しました。

どんな街にするか
ゼロから考える
責任の大きい仕事

Q この会社に入った
理由はなんですか?

小学校3〜4年生のとき、家を新築しました。そのときに「建築家ってかっこいい」と思ったことがきっかけで、大学で設計を学びました。

それが、就職活動で、いろいろな会社を見ているうちに、しだいに街を開発することに興味がわいていきました。どんな街をつくるか、何を建てるか、ゼロから考えることのほうがおもしろそうだと思ったのです。

なかでも、オフィスや商業施設、ホテルなどをつくったり、いろいろなアイデアを出しながら、街そのものをつくったりしている三井不動産なら、おもしろい仕事ができそうだと思いました。

Q 街を開発する仕事のやりがいは？

たくさんの人の生活に関係する、責任の大きなプロジェクトの中心に立って、自分でいろいろなことを考えながら、計画を進めていけることです。

街ができたあと、街の人やおとずれた人が笑って楽しそうにしているところを見たり、とても使いやすいと感想を聞いたりすると、うれしくなります。

Q 仕事のためにどんな勉強をしていますか？

ほかの会社が行った開発にも注目し、新しい街ができたら見にいきます。また、街や建てものを新しくつくるには、最新の技術を知っていることも大切なので、AI*などについても勉強しています。この先もずっとつづくよい街にするため、SDGsについても知識を深めるようにしています。

Q 今後の目標について教えてください。

いまの仕事が気にいっていますが、社内のいろいろな部署と協力することが必要な仕事なので、ほかの部署の仕事も経験して、知識や力をつけてから、またここで開発の仕事ができたらいいなと思っています。

とくに、オフィスビルに入る会社の人と接する営業部で、ビルではたらく人のことを知ることや、街ができたあとに施設を運営する部署で、使う人にも管理する人にも便利な建てものがどんなものなのか知ることに興味があります。

わたしの仕事道具 🔧

ノート

妹からロンドン旅行のおみやげにもらいました。カバーがかたいので、立ったままでも書きやすくて、気にいっています。いつももちあるいて、仕事でやらなければいけないことや、ほかの人に聞きたい疑問点、研修で勉強したことなど、わすれたくないと思うことはなんでもここに書いています。

一問一答 Q&A

Q 小さいころになりたかった職業は？
おすしやさん、消防士

Q 小・中学生のころ得意だった科目は？
物理、英語、体育

Q 小・中学生のころ苦手だった科目は？
美術

Q 会ってみたい人は？
ロジャー・フェデラー（テニス選手）

Q 好きな食べものは？
おすし

Q 仕事の気分転換にしていることは？
買いものやマッサージなどをして、自分をあまやかす

Q 1か月休みがあったら何をしたいですか？
ハワイに住む

Q 会社でいちばん自慢できることは？
社員ひとりひとりの個性が強い

＊人間ににせた知能をコンピュータにもたせて活動させる技術のことです。

三井不動産ではたらく
花島凜子さんの一日

スタート！！

チームのメンバーで、前日に行った仕事の内容や、当日の予定などを共有します。出社しない日はオンラインで行います。

ほかの会社が開発した街や建てものを勉強のために見にいきます。

1週間に1回くらい、上司に、いま担当している仕事がどこまで進んだか、これからどのように進めていくかなど、報告します。

起床・朝食	出社	チームミーティング	外出	上司への報告	昼食
6:30	8:30	9:00	10:00	11:00	12:00

就寝	帰宅・夕食	サテライトオフィスを出る	サテライトオフィスで作業	現場検査	
23:00	19:00	18:00	15:30	13:00	

会社にもどらず、会社が運営しているサテライトオフィス「ワークスタイリング*」で作業します。専用ブースも使って、ビルに入居する会社の人とリモートでの打ちあわせも行いました。

工事中の現場に出かけ、図面どおりに、きれいで安全につくられているか確認します。

コロナ時代のはたらきかた　チームの人とのコミュニケーションを大切にする

作業のはかどる場所を選んではたらく

以前は当然のように会社に通勤していましたが、いまは、個人作業のみの仕事はリモートで、対面で話したほうがよい仕事があるときは出社するなど、仕事内容に合わせて、はたらく場所を選ぶようにしています。どの作業をどこでやるとはかどるのか、しぜんに考えるようになり、効率的にはたらけるようになったと思います。

情報共有や雑談を大切にするようになった

顔を合わせることが少ないとチームの人たちとの会話がへってしまうので、情報共有できる時間を毎日とるようにしています。また、チームワークをよくするために、対面で会えるときは、仕事以外の雑談もたくさんして、おたがいの性格や趣味なども知るようにもしています。

*三井不動産では、場所にしばられず、自分に合ったはたらきかたができるよう、契約企業の社員なら自由に利用できるサテライトオフィス「ワークスタイリング」を全国100以上の拠点（2021年1月末現在）で開設しています。

三井不動産取締役の
植田俊さんに聞きました

「妄想」はやがて「構想」になり、何年かたつとほんとうに「実現」する

建てものの内部環境を整えることが大切

三井不動産は、街づくりをする会社です。そのためにビルやマンションや商業施設を建てますが、大切なのは建てものという入れものだけではありません。そのなかに、楽しくすごせる空間や役にたつ施設をつくること、その建てもので仕事をする企業がよい業績をあげられる環境を整えることが大切です。

新しいものを生みだそうとする心意気

三井不動産は、日本の成長とともにつねに新しいものをつくりだし、時代の先端を歩んできました。社員も、それまでになかったものをつくって社会に影響をあたえることにやりがいを感じる人たちです。また、新しいものをつくるには、意見を言いあえる関係が大事です。そのため上司も部下も「〇〇さん」と名前でよびあっています。

わくわくする未来を楽しく考えてみる

わたしは、会社の仲間たちにいつも「妄想、構想、実現」が大事だといっています。昔の漫画やSF小説に出てきた未来の道具や技術には、実現したものがたくさんあります。未来の街をつくるには、突拍子もないようなことでもいいから、まずはわくわくする未来を、思いっきり考えることが必要なのです。

「妄想」をみんなで出していると、だんだんじっさいの計画、つまり「構想」になり、何年かたつとそれがほんとうに「実現」するのです。みなさんも、まずはわくわくする未来を楽しく考えてみることからやってみてください。

三井不動産では、社員の気づきや新しいアイデアを生みだす機会をつくるため、さまざまな交流の場をもうけています。写真は、社外の異業種の方をまねいて話を聞くイベントの様子で、月に1回開催しています。

大林組（おおばやしぐみ）

名古屋支店（なごやしてん） 建築設計第一部（けんちくせっけい） 建築設計第一課

箕浦浩樹（みのうらひろき）さんの仕事

大林組は東京都港区（みなとく）に本社のある、オフィスビル、商業施設（しせつ）、工場などの建てものや、トンネル、橋、ダムなどの建造物（けんぞうぶつ）をつくる、総合建設会社（そうごうけんせつ）です。ここでは、企業（きぎょう）のビルやホテルなどの設計を担当（たんとう）している箕浦浩樹さんの仕事をみていきましょう。

大林組は1892年からつづく、建てもの、トンネル、ダムなどをつくる建設会社です。「三箴（3つの教訓）」となる「良く、廉く、速い」の精神を大切に、高い技術と品質を安価に速く提供し、世の中の人のためになろうとする心をもって社会の発展に貢献しています。

株式会社大林組

本社所在地 東京都港区　**創業** 1892年　**従業員数** 8,829名（2020年3月31日現在）

オフィスビルから学校まで
いろいろな建てものをつくる

　大林組では創業以来、オフィスビル、工場、病院、学校など、さまざまな種類の建てものをつくってきました。建てものをつくりたい会社や組織から注文を受けて、希望におうじた設計をし、必要な資材を用意して工事を行います。設計は別の会社が行い、建設工事（施工）を専門に行う場合もあります。地震などの災害にたえられるじょうぶで安全な建てものにすることや、便利で快適に使えることはもちろん、省エネルギーや環境によいことも考えてつくっています。

◀高さ634メートルの東京スカイツリー®は、大林組が施工を担当し、高い建設技術をいかして、2012年に完成しました。テレビ放送などの電波を送信するとともに、展望台から東京の街を見おろせる人気の観光スポットにもなっています。

©TOKYO-SKYTREETOWN

▲明石海峡大橋は、本州と淡路島を結ぶつり橋です。全長3,911メートル、主塔*間の長さが1,991メートルと世界一長いつり橋（2020年現在）です。ほかの建設会社とも協力し、1988年に着工、1998年に完成しました。

トンネルや橋など
生活に欠かせない施設をつくる

　トンネル、橋、ダム、鉄道、高速道路など、人びとが安全、快適にくらすために欠かせない大型の建造物や施設もつくっています。
　現地の調査から設計、工事、完成後の管理までを行います。川が氾らんしないように堤防をつくるなど、自然環境に関係する工事も多く、安全であることはもちろん、環境を考えた省エネルギーの施設になることや、完成したあとに長く使えて修理や検査がしやすいことも考えてつくります。

　＊橋をささえるメインケーブルをつりさげている、2つの高い柱のことです。

最新の技術や機能で 街全体を新しく生まれかわらせる

注文を受けて建てものをつくるだけでなく、ある土地に新しく街をつくる開発事業も行っています。マンションやオフィスビル、商業施設をつくり、はたらきやすくくらしやすい街にします。最新の技術をとりいれ、高い機能で、安全で環境にやさしい街づくりをしています。

▲東京都港区にある品川インターシティには、超高層のオフィスビル3棟を中心に、商業施設やホールもそなえられています。大林組の本社もここにあります。

未来の可能性を切りひらく 新しい事業にとりくむ

太陽光、風力、地熱など再生可能エネルギー*を使った発電施設をつくるなど、新しい事業にも積極的にとりくんでいます。また、将来は、人やものを宇宙に運ぶ「宇宙エレベーター」を実現し、宇宙旅行や宇宙資源の探査などに役だてることを、構想しています。

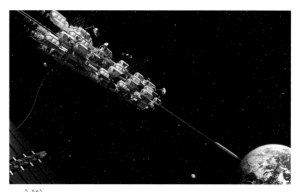

▲宇宙エレベーターのイメージ画です。地球側と宇宙側をケーブルでつなぐ輸送システムで、実現に向けてとりくんでいます。

 大林組の SDGsトピックス≫

 8 働きがいも経済成長も
 9 産業と技術革新の基盤をつくろう

建設で使うすべての建築機械の 無人運転化をめざす

建設現場では、高いところでの作業や、大きな機械を使った作業を日常的に行うため、危険が多い仕事場です。大林組は、建設現場ではたらく人びとが、安全で快適にはたらけるように、さまざまな技術開発にとりくんでいます。土砂を運ぱんするダンプカーや建設材料を上げおろしするクレーン、土や石をほりだして移動させるショベルカーなどを自動運転や遠隔操作ができるようにしたり、資材の運ぱん装置をロボット化したりする研究をして、少しずつ実現させています。将来は建設現場で使うすべての建設機械の無人運転をめざしています。

熊本城飯田丸の崩落石材回収作業の様子です。土砂の運ぱん作業など、人が建設機械に乗りこんで操縦しなくても、安全な場所から遠隔操作で動かせる技術が開発され、実用化されています。

＊太陽光や風力など、地球上で自然に起こる現象を利用したくりかえし使えるエネルギーのことです。

大林組

名古屋支店 建築設計第一部 建築設計第一課
箕浦浩樹さんの仕事

箕浦さんは、建築設計をする部署に所属し、金融機関や企業の建てもの、ホテルなど、大規模な建てものの設計をしています。建てものを建てたい施主の希望を聞き、デザインや性能を考えて、建てるために必要な設計図をつくる「意匠設計」とよばれる仕事で、工事現場で施工の確認も行います。

コンセプトを考える

■全体のデザインを考え、設計をまとめる

箕浦さんは、建てもののデザインや基本的な仕様を決める「意匠設計」を担当しています。意匠設計は、規模が小さめの建てものだと一人で担当しますが、大きな建てものでは5～6人で担当します。

ほかに、地震などで建てものがこわれないように強度を計算する「構造設計」や、冷暖房や給排水、電気関連を考える「設備設計」の担当者がいます。箕浦さんは、ほかの担当者と連携しながら、必要な構造や設備をそなえた全体のデザインを考え、設計をまとめます。

■施主の特徴や建てものの用途からコンセプトを考える

施主から建設の依頼を受けると、箕浦さんは、施主の特徴や、もとめる建てものの用途など、さまざまな要素から大まかなコンセプトを考えます。

たとえば、施主が鉄をあつかうメーカーであれば、鉄をめだつところに使うことなどを考えます。箕浦さんが意匠設計をした、京都市にある施設「GOOD NATURE STATION*」では、施主の企業が望んだ「からだや環境によい生活を提供する」という新しいスタイルの建てものを表現したデザインになるよう考えました。

■建設予定地に行き建てものをイメージする

箕浦さんは、じっさいに建設予定地にも行きます。周囲の建てものや道路の様子、方角などをたしかめ、いろいろな角度から建てる建てものの想像をふくらませます。そして、まずスケッチやかんたんな設計図で、うかんだイメージを描きます。

コンピューターを使った設計の前に、手描きでかんたんな設計図をかいてイメージをふくらませます。
▼

＊京都市の繁華街、四条河原町にある、ホテルと商業施設が入った総合施設です。

イメージを設計図にする

■建てものの大きさや間どりなどを決める

　施主にデザインや機能などの要望を聞きながら、考えたコンセプトやイメージを設計図にしていきます。

　まずは、建てものの大きさや間どりなどの大わくを決めるための設計を進めます。設計図の作成には、CADという建築設計をするソフトや、三次元で図面化するBIMというソフトをよく使います。

■模型やスケッチでイメージを共有する

　設計をするときは、建てものを使う人の目線で考えます。そのため、設計があるていど進んだら、それをもとに建てものの模型をつくります。いろいろな角度からのぞいたり、

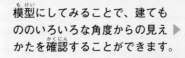

模型にしてみることで、建てもののいろいろな角度からの見えかたを確認することができます。▶

屋根やかべを外してみたりして、設計の検討に役だてます。完成したイメージを、コンピューターで絵や動画にして確認することもあります。

　施主とは、たくさん話しあいをして、建てものの大わくやデザインなどを決めていきます。その際、設計図だけ見せてもイメージしてもらうのがむずかしいので、施主に建てもののイメージをわかりやすく伝えるためにも、模型や絵がよく使われます。

　また、施主にイメージをすばやく伝えたいときなど、その場でスケッチを描いて見せ

ることもあります。施主と完成イメージを共有できることが大事です。

■社内外の専門家と協力する

　設計を進めるうえで、いろいろな部署とも協力します。たとえば、施主のもとめる新しい機能を実現するために、建築技術を研究している技術部門から最新の情報をもらったり、建設場所が高速道路や

CADを使って設計図をつくります。線1本でもまちがえるときちんと建てられなくなるので、注意して進めます。▼

施主との打ちあわせでは、設計図だけではなく、完成後のイメージを絵にして見せるなどくふうします。▶

地下鉄の駅に近いといった場合には、土木の部門に設計のヒントをたずねたりします。

計算を行う積算部門には、設計案で建設にかかる金額を出してもらい、予算に合うか確認したりもします。

社内だけでなく、内装や照明、街なみをつくる専門家など、社外の人たちと連携することもあります。

■建設工事が行えるよう 細かい設計をする

大わくとなる基本的な設計が施主に受けいれられたら、

構造や設備の設計担当者と相談しながら、建てものの細かい設計をつくっていきます。▶

決めたデザインやイメージを実現できるよう、細かい設計をはじめます。

構造設計、設備設計の担当者と連携をとりながら、じっさいに現場で建てものをつくるために必要な情報が入った、よりくわしい設計図をつくっていきます。

建てものの規模にもよりますが、設計を終えるまでに、最低1年はかかります。

法律や条令にかなった設計かどうかを確認するなど、その土地ごとの条例や規則に合った建てものになるように、役所と協議をすることも箕浦さんの大切な仕事です。

施工監理をする

施工のスケジュールを確認して、現場に行く日を考えます。▶

■設計図どおりかどうか 現場でチェックする

設計が終わると、建てものを建てる「施工」という過程に進みます。施工は、工事現場の人が作業をするための図面（施工図）をもとに、施工部門が進めます。

工事がはじまってからも、箕浦さんは、設計図どおりに建てものがつくられているか確認しに現場に行きます。この業務を施工監理といいます。

寸法どおりになっているか

どうか、必要な素材が使われているか、デザインの意図に合った色の素材が使われているかなどをチェックします。

施工中は、週に1回くらい、現場に足を運び、完成まで見とどけます。

箕浦さんが設計した「GOOD NATURE STATION」は、「素材をそのまま楽しむ」ことを大事にしています。建てものの正面をおおう素材に、アルミニウムを選びました。◀

インタビュー

大林組の箕浦浩樹さんに聞きました
（おおばやしぐみ）（みのうらひろき）

つねに、それまでにはない
新しいものを生みだしたい

三重県生まれ、大阪府育ち。大学と大学院での研究テーマは1900年代中ごろのアメリカ西海岸の住宅でした。研究室の仲間と現地の建てものをレンタカーで見にいったのは、よい思い出です。2010年に大林組に入社し設計の仕事をしています。高校ではじめたバスケットボールは、いまも会社のサークルでつづけています。

自分の設計が
建てものになった
ときに感動した

**Q この仕事を選んだ
理由はなんですか？**

　子どものころから絵を描くのが好きで、将来は何かをデザインするような仕事をしたいと思っていました。家やマンションの広告にある間どりを見るのも好きで、小学校の高学年のころには、自由帳に建てものの絵を描いていたほどです。それで建てものの設計士、建築家になろうと思い、建築学科に進みました。

**Q この会社に入ったのは
どうしてですか？**

　いろいろな人がおとずれる建てものをつくりたいと思っていたので、大きな建てものをたくさん建てている大林組を選びました。大学の先輩が何人かはたらいていて、やりたいと思うことをやらせてく

れる会社だと聞いたことも理由の一つです。

言われていたとおり、熱意があれば、海外のコンペ*やほかの部署のプロジェクトでも挑戦させてもらえます。社員どうしにギスギスした競争心がなく、みんなで協力していこう、というふんいきがあるところも気に入っています。

Q 仕事をしていてうれしかったことは?

入社してはじめて担当したのは、東京都の金融機関の建てものでした。自分の設計がほんとうに建てものになったときには感動しました。施主の方にも、「いい建てものができたね。ありがとう」と言われてうれしかったです。

自分の頭で考えたものが、現実の建てものになって、そこを多くの人に利用してもらえることが、この仕事の大きなやりがいです。

Q 仕事をするうえでとくに大切にしていることは?

ものをつくる仕事では、過去のもののコピーをしていては進歩がありません。デザインや技術など、つねに、それまでにはない新しいものを生みだしたいと考えています。

そのために、気になった建築はできるだけ見にいって、勉強するようにしています。

Q 今後の目標について教えてください。

図書館や劇場など、多くの人がおとずれる公共の建てものを設計したいと考えています。そして、いつか建築の賞をとることも目標です。

わたしの仕事道具 🔧

iPad と Apple Pencil

設計の途中では、チームのメンバーや施主に、手描きのスケッチで建てものの様子を伝えることがよくあります。新型コロナの影響でテレワークがふえたので、描いたらすぐにメールで送れるiPadでスケッチをすることが多くなりました。スケッチには、専用のApple Pencilを使っています。

一問一答 Q&A

Q 小さいころになりたかった職業は?
建築家

Q 小・中学生のころ得意だった科目は?
美術（図画工作）と数学

Q 小・中学生のころ苦手だった科目は?
英語

Q 会ってみたい人は?
松本人志（芸人）

Q 好きな食べものは?
お酒、ラーメン

Q 仕事の気分転換にしていることは?
同僚との会話

Q 1か月休みがあったら何をしたいですか?
海外旅行（いまはエジプトとかギリシャに行きたいです）

Q 会社でいちばん自慢できることは?
元オリンピック選手がはたらいている

---

*コンペティションの略語。複数の建設会社が建てもののアイデアを出し、そのなかでいちばんよいものを施主が選ぶ制度です。

大林組ではたらく
箕浦浩樹さんの一日
（おおばやしぐみ）（みのうらひろき）

スタート！

使用するガラスサッシのデータを入れた図面を描くために、ガラスサッシのメーカーに詳細を確認しました。

工事現場で使用する施工図が送られてきたので、図面にまちがいがないか確認をします。

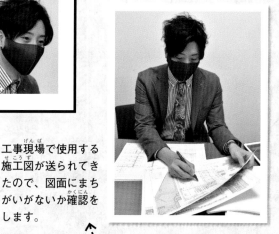

起床・朝食	出勤	メーカーと オンライン打ちあわせ	昼食	施工図のチェック
7:00	8:30	10:00	12:00	13:00

就寝	自宅の設計	オンライン 飲み会	帰宅・ トレーニング	検討図面の作成や スケッチ	プロジェクトメンバーで 設計の打ちあわせ	オンライン ミーティング
24:00	22:00	21:00	18:00	17:00	15:30	14:00

家族で住む家を新築予定で、妻とどんな家にするか話しあいながら、自分で設計をしています。

単身赴任中で寮に住む箕浦さんは、運動不足にならないよう、寮にあるジムで、週に2〜3回、トレーニングをしています。

コンペを行うことになった建てものの提案書について話しあいました。

**コロナ時代の
はたらきかた**

家族を大切にしたいという思いが強くなった

家でも会社と同じように作業できるようなくふう

新型コロナウイルスの流行後は、テレワークが多くなりました。会社のパソコンはもちはこびしやすいノートパソコンに変わり、自分ひとりでする仕事は、家でも会社と同じようにできるようになっています。

チームの人たちといっしょにする仕事では、スケッチや図面などをオンライン上でやりとりしたり、会議をスムーズにしたりできるように、いろいろなアプリを使って、みんなで相談しながらくふうをしています。

社内ですごす時間がへり家族とすごす時間がふえた

テレワークがふえたことで、会社内や会社の人とすごす時間がへり、家族とすごす時間がふえました。その生活の変化をきっかけに、家族をもっと大切にしたいと感じています。

大林組代表取締役社長の
蓮輪賢治さんに聞きました

人・社会・地球に誠実に向かいあいながら「ものづくり」をつづけています

かべを乗りこえる方法を仲間と話しあい実現する

大林組は生活に必要な建造物を、世界各地で数えきれないほどつくってきました。同じ建造物はひとつもなく、世界でひとつだけのものづくりです。そのため、いつも同じ技術や材料が使えるわけではありません。

たとえば自立式電波塔として世界一の高さ634メートルをほこる東京スカイツリー®。

特別に長いワイヤーをつるせるクレーンを使ったり、風やゆれへの特別な対策をしたり、新しい技術を一生懸命考えだしました。建設業の魅力は、このようにかべを乗りこえる方法を仲間と話しあい、実現させる喜びにあります。

みなさんも、昨日までできなかったさかあがりやとび箱などが、先生や友だちのアドバイスでできるようになった経験がないでしょうか。

建設業では、建設現場の人も、設計をする人も、一体となって「ものづくり」をしています。世界でひとつのものをつくるために、みんなで協力して、困難に打ちかつことに喜びを感じています。

社会にも人にも誠実でいることが大切

大林組は、2012年に環境にやさしい再生可能エネルギー事業をはじめました。地球温暖化や大気汚染などが進むなか、企業には持続可能な社会をつくる努力をする責任があります。SDGsやパリ協定*に貢献し、社会にも人にも誠実でいることが大切だと考えています。

みなさんも仲間に誠実に向きあい、協力していろいろなことにチャレンジしてください。もしも将来、いっしょにはたらくことができたら、よい伝統を受けつぐだけではなく、これまでの常識をくつがえすような、新たな伝統を生みだしてくれる活躍を望んでいます。

＊地球の温暖化をおさえるため、各国が温室効果ガス排出量をへらしていくための国際的なとりきめです。

ダイワハウス

営業課 店長
大前幸子さんの仕事

ダイワハウスは、大阪府大阪市に本社がある住宅総合メーカーです。住宅や商業ビルなど、さまざまな建てものをつくっています。ここでは、住宅展示場を運営しながら、お客さまの接客や住宅の販売をしている大前幸子さんの仕事をみていきましょう。

ダイワハウス

ダイワハウス[1]は、わたしたちの住まい、商業施設やオフィスビルなど、人のくらしをよりゆたかにする建てものをつくっている会社です。「人・街・くらしの価値共創グループ」として新たな価値をつくり、街づくりやエネルギー開発などにもとりくんでいます。

大和ハウス工業株式会社
本社所在地 大阪府大阪市 **創業** 1955年 **従業員数** 1万6,904名（2020年4月1日現在）

戸建住宅[2]を中心に、賃貸住宅やマンションをつくる

ダイワハウスは、住宅メーカーとして、長年にわたってみがきあげてきた建築技術により、戸建住宅やマンション、賃貸住宅など、住む人が長く楽しくすごせる空間をつくっています。住宅は、地震に強い、天井が高い、開放感があるなど、いろいろな特色をもったブランドがあります。

よりよい建てものをつくるため、建築方法の研究も行っています。日本は地震などの災害が多いので、耐震強度のある建てものの開発や、防犯や耐火、省エネルギーなどにすぐれた建てものをつくるくふうをしています。

◀くりかえし起こる地震に強いしくみをもつ「xevo Σ」というブランドの戸建住宅です。長く住みつづけられるように、耐震だけでなく、断熱性にもすぐれているなど、さまざまなくふうがなされています。

▶「GRACA」というブランドの賃貸住宅です。「上質で優雅」をコンセプトに、洗練された外観に加え、おとなりや上下階との遮音性を高め、住む人が快適にくらせる空間を実現しています。

▲さまざまな都市で施設の建設を行い、現在（2020年）までに5万件をこえています。沖縄県豊見城市のショッピングセンター「イーアス沖縄豊崎」は、水族館なども併設され、滞在時間を楽しめる空間となっています。

商業施設やホテル、医療・介護施設などをつくる

企業などから依頼を受けて、ショッピングセンターなどの商業施設や、病院などの医療・介護施設、ホテルやスポーツクラブなど、社会のニーズに対応したさまざまな建てものをつくっています。企業の目的に合わせて、専門のスタッフが最適な提案を行い、総合的にプロデュースします。

　＊1 「ダイワハウス」は大和ハウス工業株式会社のブランド名です。

環境に負荷をかけない街づくりや
エネルギー開発を進める

　ダイワハウスでは、都市開発にも力を入れています。土地や建てものを整え、新しい家や人びとがよりよくくらしていけるための施設をつくり、住み心地のよい街をつくることにとりくんでいます。

　また、風力発電や太陽光発電、水力発電など、自然の力を利用した、環境に負荷の少ないエネルギーの開発にも力を入れています。

▲愛媛県佐田岬にある、風力発電所です。佐田岬は、日本でも有数の風の強い地域で、そこに立つ巨大な風車が、風を受けて、電気をつくりだします。

◀ダイワハウスがつくっている千葉県船橋市にある都市「船橋グランオアシス」です。「施工」から「くらし」まで再生可能エネルギー100パーセントの街づくりを行っており、街全体で省エネルギーや二酸化炭素（CO_2）の削減にとりくんでいます。

ダイワハウスの
SDGsトピックス»

11 住み続けられる
まちづくりを

12 つくる責任
つかう責任

少子高齢化などに苦しむニュータウンを
住民とともに魅力のある街に再生する

　日本では高度経済成長期に、ニュータウンとよばれるたくさんの街がつくられましたが、現在、その多くは、少子高齢化や過疎化などの問題をかかえています。

　ダイワハウスでは、かつて開発したニュータウンで、こうした問題や課題の解決にとりくみ、だれもが生き生きといつまでもくらせる街に再生するプロジェクトを進めています。このプロジェクトのモデルとなる場所が、神奈川県横浜市栄区にある「上郷ネオポリス」です。横浜市や自治会、大学などと協力し、住民の交流の場となる施設をつくり、施設の運営や管理は、地域の住民が中心となって行っています。

上郷ネオポリスの「野七里テラス」は、住民どうしの交流や生きがいの創出を目的としてつくられた施設です。コンビニエンスストアや相談窓口、コミュニティスペースなどもあり、世代をこえて多くの人びとに利用されています。

＊2　独立した一つの建てもので、おもに1世帯の家族がくらす住宅のことです。

ダイワハウス

営業課 店長
大前幸子さんの仕事

ダイワハウスでは、全国に200以上ある住宅展示場の運営をしています。住宅展示場ではモデルハウスを見学して、家を建てるのに役だつ情報が得られます。大前さんは、岐阜県にある県庁前展示場でスタッフをまとめるとともに、営業としてお客さまの接客や販売、戸建住宅を建てるサポートを行っています。

住宅展示場を運営する

■お客さまに 住宅の魅力を伝える

大前さんは、住宅展示場のモデルハウスで、おもに個人のお客さま向けに「戸建住宅」の販売を行っています。

住宅展示場には、いろいろなモデルハウスが建てられていて、これから家を建てたい

> モデルハウスに来るお客さまを案内し、魅力を伝えます。
> ▼

と考えている人たちが、どんな家を建てるか検討するためにおとずれるところなので、お客さまと出あうための重要な場所です。

大前さんは、おとずれたお客さまに、モデルハウスのなかを案内しながら、ダイワハウスの家の魅力を伝えます。お客さまの疑問には、すばやくていねいに答えることで、印象に残る対応をすることを心がけています。

■展示場に来てもらうため ホームページを充実させる

展示場に、より多くのお客さまに来てもらえるようにするのも、大前さんの仕事です。展示場には、ホームページを

見てから来るお客さまが多いので、ホームページの情報を充実させておくようにしています。

■売りあげ目標を スタッフと共有する

大前さんは、店長として、週に1度、上司である事業部長と岐阜県内にある5つの展示場の店長が参加する会議に

> ▲
> 会議では、売りあげ状況の報告や、各展示場で行うイベントの企画などを話しあいます。

28

出ます。それぞれの展示場の売りあげ目標に向かって、お客さまに来てもらうにはどうしたらよいかなどを話しあい、イベントの企画なども相談します。

会議で決まった方針（ほうしん）は、展示場のスタッフ全員に伝えて共有します。

■スタッフといっしょに接客技術を学ぶ

展示場のスタッフの育成も、大前さんの重要な仕事です。

ロールプレイングを通して、スタッフと接客技術（せっきゃくぎじゅつ）を学びます。

家を建てたいお客さまの信頼（しんらい）を得（え）るためには、どんな希望があり、どういう部分に不安や不明点があるのか、何が知りたいのかといったことに気づき、適切（てきせつ）なアドバイスができなくてはなりません。その

ためには、さまざまな知識（ちしき）や接客の技術が必要です。

大前さんは、週に1回勉強会を行い、お客さま役と案内するスタッフ役に分かれて、じっさいの接客を学ぶロールプレイングを行っています。

家の設計（せっけい）や費用（ひよう）を相談する

■お客さまが納得（なっとく）いくまで話しあう

戸建住宅（こだてじゅうたく）の建築（けんちく）をはじめるためには、お客さまとくりかえし相談をして、契約（けいやく）を結ばなくてはなりません。短い場合は数回ていどの相談で契約にいたることもありますが、長いときは半年や1年かかることもあります。

家は大きな買いものであると同時に、人生の多くの時間をすごす場所です。そのため、設計や費用など、お客さまが納得いくまでじっくり話しあう必要があるのです。

お客さまに設計図（せっけいず）を見せながら、建築士（けんちくし）といっしょに説明をします。

■設計図でイメージを共有し費用を計算する

大前（おおまえ）さんは、お客さまの希望を聞いて、どんな家にしたいかの方針（ほうしん）が決まると、社内の建築士（けんちくし）に設計をたのみます。また、建築費用の見つもりも

します。

設計図ができあがったら、お客さまに間取りの説明を行います。イメージがわくように、家の間取りを再現（さいげん）した3D（スリーディー）画像（がぞう）を見てもらうこともあります。また、ダイワハウスが建てた戸建住宅で、希望の間取りとにた家に案内するなど、お客さ

図面を見ながら、費用の計算を行います。

建築士、コーディネーターと設計図を確認しながら、お客さまの希望するデザインになるよう相談します。

まに完成した家をイメージしてもらえるように努力します。

相談を重ねて、設計図や費用などについてお客さまが納得できれば契約となります。

■住宅の細部を相談していく

契約を結んだあとは、外かべや内部の床の材質、かべの色、キッチンの種類など、細かな内容を決めていきます。社内には、そうした細部のデザインを専門にしているコーディネーターがいて、お客さまの希望にそえるように設計内容を相談します。

家の完成までサポートする

■専門家の力も借りてお客さまをサポートする

戸建住宅が完成するまで、お客さまの不安や疑問を解決できるように、さまざまな部署や、専門家の力も借りながらサポートします。

工事がはじまってからも、途中で色や素材などの変更が必要なこともあります。そのつど、費用の計算をしなおして、ふたたび提示するようにします。

お客さまとこまめに連絡をとり、イメージとじっさいの建てものとの差がなくなるように心がけながら、サポートしていきます。

建築の内容以外にも、ローンを組むための銀行の紹介、古い家をとりこわす場合の解体業者との打ちあわせ、建築中の仮の住まいの提案なども行います。

■住み心地をうかがいサポートにいかす

ダイワハウスでは住宅が建ったあとも、定期的に点検を行っています。1か月、半年、1年と、点検は長期間、複数回にわたります。大前さんはできるかぎり検査員に同行するようにしています。

住み心地はどうか、何か問題はないかなど、じっさいにくらしてから感じていることを直接聞きます。本社でとっているアンケートなども参考にしながら、お客さまの声をいかして、新たなお客さまへのサポートを行っていきます。

お客さまの家を訪問して、住み心地などを聞きます。家を建てたい人を紹介してもらうこともあります。

ダイワハウスの大前幸子さんに聞きました

家を売るためではなく、お客さまのために何ができるかを考える

大阪府守口市生まれ。大学では、法律学科で女性雇用について学びました。2012年に大学を卒業後、大和ハウス工業に入社し、分譲住宅を販売する部署に配属。2014年より展示場で注文住宅の販売を行う部署に異動し、2020年からは岐阜県の県庁前展示場で店長をつとめています。

一生にいちどの買いものをサポートする

Q この仕事を選んだ理由はなんですか?

わたしが住宅業界に興味をもったのは、大学4年生のときでした。就職活動でいろいろな職業を知るうちに、「家を売る」という仕事に強くひかれたのです。とくに戸建住宅は、お客さまにとって、一生にいちどの買いものです。そのサポートを通じて、とても重要な役割をになうことのできる仕事だと思い、ダイワハウスに入社しました。

Q うれしかったことはなんですか?

入社してから3〜4年たったころ、まったく契約がとれなくなってしまい、なやんでいたことがありました。

そんなとき、あるお客さまと出あったんです。その方は、

わたしが1年ぶりに契約を結んだお客さまなのですが、わたしを信頼して「ぜったい、大前さんにお願いして家を建てるからね」と言ってくださいました。このことばはほんとうにうれしかったです。

Q ご自分にとってどんな意義がありましたか?

そのときには、契約がとれない営業なんて意味がないのではと、退職することまで考えていました。そのためか、そのお客さまに対しては、契約をとることは考えず、お話をうかがうことに集中して、できることをやろうと思っていたのです。もしかしたら、そういう損得のない心のうちが、お客さまに伝わったのかもしれません。

営業は、人と人とのつながりが体感できる仕事だと感じているのですが、わたしにとっては、このお客さまとのつながりが、大きなターニングポイントになりました。仕事に向きあう姿勢や、考えかたが変わり、家を売るためではなく、お客さまのために何ができるのかを強く考えるようになりました。

Q 今後の目標について教えてください。

ダイワハウスの魅力を、たくさんの人に知っていただいて、もっと会社とお客さまをつなげていきたいと思います。また、店長として展示場を1つまかせていただいているので、いまいるスタッフと協力して、よりよい展示場をつくっていきたいと思っています。

わたしの仕事道具 🔧

文房具

お客さまに図面などの説明をする際に、蛍光ペンでわかりやすく線を引いたり、書類や設計図のチェックなどに、太さのことなるシャープペンシルを用いたりなど、さまざまな文房具を使っています。使用する文房具はケースにまとめて、いつでもとりだせるようにしています。

一問一答 Q&A

Q 小さいころになりたかった職業は?

キャビンアテンダント

Q 小・中学生のころ得意だった科目は?

英語、国語

Q 小・中学生のころ苦手だった科目は?

算数、数学

Q 会ってみたい人は?

石橋信夫さん(ダイワハウスの創業者)

Q 好きな食べものは?

かつ丼、とんかつ

Q 仕事の気分転換にしていることは?

おいしいごはんを食べにいくこと

Q 1か月休みがあったら何をしたいですか?

全国のおいしいものを食べあるきたい

Q 会社でいちばん自慢できることは?

世代をこえて話ができること、いい意味で距離が近いこと

ダイワハウスではたらく
大前幸子（おおまえさちこ）さんの一日

スタート！

モデルハウスの掃除（そうじ）をしたあと、現在（げんざい）の契約状況（けいやくじょうきょう）やその日のスケジュールなどをミーティングで確認（かくにん）し、お客さまをむかえるしたくを整えます。

家を建てたお客さまのご自宅（じたく）を訪問（ほうもん）し、住み心地（ここち）などをうかがいます。

起床（きしょう）	朝食・洗濯（せんたく）	出社	朝礼・ミーティング	展示場（てんじじょう）での案内業務（あんないぎょうむ）	昼食	お客さまの自宅（じたく）を訪問（ほうもん）
6:00	7:00	8:30	9:00	10:00	12:00	13:00

就寝（しゅうしん）	帰宅（きたく）・夕食	退社（たいしゃ）	社内打ちあわせ			打ちあわせの資料（しりょう）を作成
23:00	19:00	18:00	17:00			16:00

社内で、それぞれの営業（えいぎょう）担当（たんとう）の契約状況（けいやくじょうきょう）や、明日（あす）のお客さまの予約（よやくせい）の内容（ないよう）などを確認（かくにん）します。

お客さまへの説明に用いる住宅（じゅうたく）の設計図（せっけいず）を見て、内容（ないよう）の確認（かくにん）をします。

コロナ時代のはたらきかた
スタッフとのコミュニケーションのしかたをくふうする

お客さまとのオンラインでの打ちあわせにも対応（たいおう）

　お客さまがモデルハウスにいらっしゃる際（さい）には、できるかぎり複数（ふくすう）のグループがいっしょにならないよう、予約制（よやくせい）に変更（へんこう）しました。打ちあわせを行うテーブルには、アルコールの消毒液（しょうどくえき）を置いて衛生（えいせい）管理を心がけています。また、オンラインでの打ちあわせを希望されるお客さまもふえたので、対応できる環境（かんきょう）を整えました。

スタッフと会う時間がへった分、ことばに気をつかう

　スタッフと会う時間が少なくなってしまったので、コミュニケーションのとりかたに、気をつかうようになりました。アドバイスをするときには、きちんと意図をくみとってもらうためにどういうことばで伝えるべきなのか、相手の立場になって考えるようにしています。

ダイワハウス代表取締役社長の
芳井敬一さんに聞きました

自分の得意なことをのばし、
社会に出て活躍していってほしい

社会の変化に対応して
住宅や生活の課題を解決

ダイワハウスは、おもに3つの事業を行っています。まず、一戸建や賃貸など、家をあつかう部門。そして、コンビニエンスストアやショッピングセンターなど、企業を相手に仕事をする部門。さらに、ホームセンターや介護施設など、くらしにかかわる部門です。会社名はダイワハウスですが、家を建てるだけでなく、世のなかでこまっていることを解決するのが仕事です。

再生可能エネルギーで
新しい街づくりに着手

再生可能エネルギーとよばれる、地球環境にやさしい風力や太陽光、水力などの自然の力を使った発電所の開発・運営や、電気をためる蓄電池の販売なども手がけています。日本ではじめて、再生可能エネルギーで電気を100パーセントまかなう街づくりもはじめました。

いままでの街やくらしを大切にしながら、新しいくらしのモデルとなる街をつくっていきます。また、2040年までに、自社の電力をすべて再生可能エネルギーでまかなうことをめざすなど、地球温暖化防止にも力を入れています。

自分の得意なことをのばし
いかしていくことを大切に

苦手なことにとりくむことも大切ですが、得意なものをのばしていくことで、より大きな喜びを味わえるのではないかと思います。ダイワハウスでも、社員の長所をよく理解して、いかしていくことを大切にしています。

みなさんも自分の得意なことをのばし、社会に出て活躍していってほしいと思います。

ダイワハウスでは、女性が活躍できる職場環境の実現を推進しています。家事の負担をへらし、家族で家事に参加できるくふうや機能をもりこんだ戸建住宅「家事シェアハウス」の企画も、写真のように女性社員が中心となって進められました。

乃村工藝社
（のむらこうげいしゃ）

クリエイティブ本部デザイナー
笹朝斐さんの仕事
（ささあさひ）

乃村工藝社は東京都港区に本社がある、商業施設やイベントスペースなどの空間デザインの企画から運営までを行う会社です。ここでは、埼玉県飯能市にあるテーマパーク「ムーミンバレーパーク」の空間デザインを担当した笹朝斐さんの仕事をみてみましょう。

乃村工藝社

乃村工藝社は空間をデザインする会社です。「お客さまがその空間に求める役割は何か」を考え、博物館や商業施設、イベント会場などの空間を、企画からデザイン・設計、施工、運営まで手がけます。空間をおとずれた人びとに、「歓びと感動」を提供しています。

株式会社乃村工藝社
本社所在地 東京都港区 **創業** 1892年 **従業員数** 2,558名（グループ企業をふくむ。2020年2月現在）

博物館や水族館など、価値を高めて学びが楽しくなる空間をつくる

乃村工藝社では、博物館や水族館、美術館などの文化施設の空間をつくっています。展示物と映像を組みあわせたり、じっさいに来館者が体験できる展示をつくったりするなど、さまざまなくふうでその価値をわかりやすく伝え、人びとの知的好奇心を満足させる場となっています。

▲兵庫県豊岡市の城崎マリンワールドにある、日和山海岸ミュージアムは、「いのち」をテーマにした「語る」水族館です。水族館のスタッフからのメッセージを中心にして、展示が広がっていく空間をつくりました。

◀京都府京都市にある京都鉄道博物館は、本物の電車などを展示し、鉄道の歴史をいまに伝え、地域の活性化に貢献しています。

イベント会場やショールームなど、伝えたいメッセージを表現した空間をつくる

日本各地や世界各国で行われるさまざまなイベント会場やショールームなどをつくっています。おとずれる人が楽しめて、主催者や企業が伝えたいメッセージが伝わる空間をつくり、産業や地域の活性化につなげています。

© Wim Vanmaele

▲「ブリュッセル・フラワーカーペット」は、ベルギーで年1回行われるイベントです。2016年の第20回では、日本とベルギー友好150周年の一環として、両国に共通する美しい自然や景色を意識した空間をつくりました。

◀「第46回東京モーターショー2019」のトヨタブースでは、未来の街の住人となって新しい「クルマ」を体験する展示空間が好評でした。

商業施設やホテル、テーマパークなど、活気にあふれる集客空間をつくる

ショッピングモールや空港など、生活や仕事で利用する商業施設や、ホテルなどの体も心も休まる施設、楽しく遊べるテーマパークなどもつくっています。それぞれの施設の目的に合わせて、さまざまなアイデアをもりこみ、多くの人がおとずれたくなる空間をつくりだしています。

▲「ゴジラ迎撃作戦～国立ゴジラ淡路島研究センター～」は、兵庫県の淡路島にあるテーマパーク「ニジゲンノモリ」のなかにある、ゴジラをテーマにしたアトラクションです。実物大の大迫力のゴジラが体験できます。

▲京都府京都市にある「ザ・ホテル青龍 京都清水」は、約90年の歴史をもつ小学校の校舎を利用してできたホテルです。その歴史を受けつぎ、未来へとつなげていくというメッセージをこめた空間になっています。

 乃村工藝社の SDGsトピックス»

 9 産業と技術革新の基盤をつくろう

 12 つくる責任 つかう責任

森林環境や地域社会に配慮した木材を積極的に使う「フェアウッド*応援宣言」

世界では違法な伐採による森林の減少が問題になっています。乃村工藝社では空間づくりに、たくさんの木材や木材製品を使っています。将来にわたって森林を持続的に利用していくためには、木を「伐って、使って、植えて、育てる」ことが必要です。そこで、違法伐採の木材を使わないというガイドラインをつくり、「フェアウッド応援宣言」のもと、空間づくりを行う活動をしています。また、国産材などの「顔が見える木材」を使うことで、木のストーリーが伝わり、集客にも役だちます。このようなとりくみは、森林をまもることにもつながります。

乃村工藝社が総合的にプロデュースした東京都千代田区にある神田明神文化交流館「EDOCCO」では、神社にゆかりのある東京都で育った多摩産材を積極的に使っています。このような木のストーリーは、人びとの共感をよび、施設の集客や木材のPRにもつながります。

＊違法伐採されたものではなく、森林環境や地域社会に配慮して生産された木材のことをいいます。

乃村工藝社
（のむらこうげいしゃ）

クリエイティブ本部デザイナー
笹朝斐さんの仕事
（ささあさひ）

笹さんは空間デザイナーの仕事をしています。空間デザイナーとは、商業施設（しせつ）やイベントスペースなどの空間全体、室内のレイアウト、かざりつけなどをデザインする仕事です。ここでは笹さんの仕事を、埼玉県にある「ムーミンバレーパーク」の空間デザインができるまでの流れを例にみていきましょう。

企画をつくり提案する
（きかく）（てい）（あん）

■企画に使う資料を集めて読みこむ
（しりょう）

　空間デザインの仕事は、クライアント（お客さま）に企画を提案することからはじまります。企画は、クライアントからこんなものをつくってほしいと依頼を受けてつくる場合と、乃村工藝社のほう（いらい）（のむらこうげいしゃ）から売りこむ場合があります。「ムーミンバレーパーク」は、「ムーミンの物語の世界をテーマにしたテーマパークをつくってほしい」という依頼を受けてはじまりました。

　企画書をつくるために、まず資料を集めて読みこみます。ムーミン＊の世界がテーマといういうことで、笹さんは、ムーミンの原作となった小説だけではなく、その舞台となった（ぶたい）フィンランドの文化がわかる本や図鑑など、たくさんの資（ずかん）料を読みこみました。

図書館や会社の資料室（しりょうしつ）を活用して、資料を集めます。海外から資料をとりよせることもあります。

企画提案のためにつくった（きかくていあん）ムーミンバレーパークの全体イメージです。

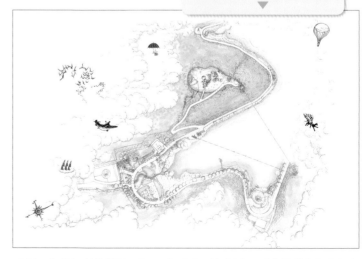

＊フィンランドの作家、トーベ・ヤンソンによって生みだされました。ムーミンは想像上の生きものです。（そうぞうじょう）

■企画をつくり
クライアントに提案する

　ムーミンバレーパークの場合は、クライアントからのコンセプトをもとに、まず空間の全体イメージをつくって、施設全体でどんな体験を提供するのかを考えます。

　原作の世界観を理解し、どんな空間をつくってどんな展示をするのか、その空間で来場者がどんな体験ができるのかを考えて企画書を仕あげていきます。企画書ができたら、クライアントに提案します。何回かやりとりをして、クライアントの要望をとりいれながら企画書の修正を重ねます。

　クライアントに内容をみとめてもらえたら、空間の設計に入ります。

空間デザインを設計する

■施設の外観や内部の 基本設計を行う

　空間デザインの設計では、まずつくる施設の外観や内部のスケッチパースを描きます。スケッチパースとは、遠近法を使って立体的に施設を描いたものです。施設の世界観を伝えるためにどんなかべにするのか、屋根にはどんなかざりをつけるのか、内部にはどんな部屋があり、どんな家具や小物が置かれるのかなど、くわしく描いていきます。で

きあがったスケッチパースをもとに、平面図や展開図*1もつくっていきます。

　設計は、複数のデザイナーや営業担当者、施工*2の担当者などがチームをつくってとりくみます。

パークのシンボルとなるムーミン屋敷内部のスケッチパースです。原作のイメージを大切に、ていねいに描きます。

■施設の概要を説明し、 施工の許可を得る

　基本設計のスケッチパース、平面図、展開図ができたら、クライアントに見せながら、どこにどんな施設をつくり、そこで来館者がどんな体験ができるのかなど、企画書よりも具体的に説明します。

　また、ムーミンバレーパークの場合は、ムーミンを生み

できあがったスケッチパースを見せながらチームのメンバーと世界観を共有します。

*1　室内の中心から東西南北それぞれを見て、窓や出入り口、家具、設備などを描いた図です。
*2　建てものや建てもののデザインを設計図のとおりにじっさいにつくることです。

ライセンサーのいるフィンランドに行き、プレゼンテーションをしました。

ムーミン屋敷のかべに使う板の素材について、チームのメンバーと話しあいます。

だした著者がいるので、ライセンサー＊からの許可が必要です。クライアントに了解をもらったあと、クライアントとともに、ライセンサーにもプレゼンテーションをします。許可をもらえたら、施工に向けた準備がはじまります。

■施設を施工するための実施設計を行う

じっさいに施設を施工するために、基本設計よりもくわしい実施設計を行います。

実施設計では、たとえば、建てもののかべや、窓ガラス、カーテンなどの素材を選んだり、サイズを確認したりします。

素材選びでは来場者にとって安全で、長もちするようなものかどうかということも考えて決めていきます。

このほか、施設のなかで展示を行う映像の絵コンテを描いたり、来館者向けの体験プログラムの台本をつくったりします。

■施設の施工に必要な予算を見つもる

使う素材などが決まったら、施設の施工にどれだけお金が

かかるのか、施工を依頼する協力会社に見つもりを出してもらいます。

あがってきた見積もりを、チームで検討し、予算を上回るようであれば、使う素材を再検討するなどして調整します。場合によっては施設の設計そのものを見なおすこともあります。

展示物を製作する

■ジオラマなど
展示物をつくる

実施設計をもとに、それぞれの建てものの外や内部に展示したりかざったりする、大型ジオラマやキャラクターの模型、小物、映像などの製作を進めます。

これらのものは、笹さんが専門の製作会社に依頼をして

つくってもらいます。笹さんは、これらをつくる工場やスタジオに行って、自分が描いたデザインや台本どおりにつくられているか、施工を進めるうえで問題

点はないかなどを確認します。

また、小物は日本で用意す

着色途中のムーミン谷のジオラマです。ジオラマの製作は工場に依頼します。▶

＊著作権を管理する会社や団体のことです。

フィンランドに行き、たくさんの雑貨のなかから、ムーミンの原作のイメージに合ったものを選びました。

ライセンサーを日本にまねき、展示物や施設のイメージなどを見てもらいました。

るだけでなく、原作の舞台となるフィンランドに行って、現地の雑貨屋などで直接買いつけもしました。

■最終確認のプレゼンテーションをする

展示物などの準備が整うと、

クライアントに了解をもらってから、ふたたびクライアントとともにライセンサーに最終的な確認をしてもらうプレゼンテーションを行います。

今回はライセンサーを日本にまねき、意見も聞いて、これなら施工をしてもいいという許可をもらいました。

工事の進行を確認する

■設計図どおりに進んでいるか確認する

施工の許可が出たら、その先は施工の担当者が中心となって工事が進みます。

笹さんたちデザイナーは、工事現場にたびたび行って、設計図どおりに進んでいるかを確認します。またこの段階で、開園後、来園者に体験プログラムの案内をするスタッフのトレーニングを手伝うこともあります。

■最終確認をして引きわたす

すべての施設が建ち、外観

や内装のかざりつけが終わったら、最終確認をして、クライアントに引きわたされます。

引きわたしが終わり、施設がオープンすれば、空間デザ

右は、完成したムーミンバレーパークのシンボルで、笹さんがデザインしたムーミン屋敷です。上は、ムーミン屋敷の内部で、細かい部分までムーミンの原作の世界観が再現されています。

©Moomin Characters™

イナーの仕事はいったん終了となります。

オープン後も、施設で販売するおみやげなどのデザインを依頼されるなど、その施設とかかわることがあります。

乃村工藝社（のむらこうげいしゃ）の笹朝斐（ささあさひ）さんに聞きました

インタビュー

好きなことに打ちこんでいれば
チャンスはいくらでもある

神奈川県相模原市（さがみはらし）生まれ。大学の建築（けんちく）学科で、建築のデザインの歴史（れきし）などを研究しました。卒業後、フジテレビに入社し美術デザイナーとして、ドラマなどのセットの製作（せいさく）をしていました。2017年に乃村工藝社（のむらこうげいしゃ）に転職（てんしょく）。現在（げんざい）は空間デザイナーとして、テーマパークなどのデザインを手がけています。

空間デザインはお客さまがいることで完成する

Q この会社に転職（てんしょく）を決めた理由はなんですか？

　乃村工藝社に入る前は、フジテレビで、ドラマのセットなどをデザインする美術デザインの仕事（びじゅつ）をしていました。もともと建築家（けんちくか）になりたいと思っていたのですが、学生時代に見た『Dr.（ドクター）コトー診療所（しんりょうじょ）』というテレビドラマの診療所のセットに感動したのが、この仕事を選んだきっかけです。

　はじめは廃墟（はいきょ）のようだった診療所が、物語が進むにつれて美しく再生（さいせい）されていき、そこに住んでいる人の思いや歴（れき）史（し）が表現（ひょうげん）されているように感じました。わたしも人の生活や心情（しんじょう）を感じられるセットづくりをしたいと思ったのです。

　テレビの美術デザインは、基本的（きほんてき）に企画（きかく）と脚本（きゃくほん）が決まっ

42

たあとで、美術デザイナーに依頼があります。ところが、「月9*」の美術デザインを担当したとき、脚本の会議の段階からよばれ、監督から意見をもとめられることがありました。このとき、企画やストーリーづくりから空間のデザインまですべてにかかわってデザインを考えることのおもしろさを知ったのです。

また、テレビの世界だけでなく、もっといろいろな業界の人とかかわりたいと思うようにもなりました。そんなとき、いまのわたしの所属する部の部長に出あい、乃村工藝社の話を聞く機会がありました。さまざまな会社と、企画提案から空間づくりまでを行っていることを知り、ここで挑戦したいと思い転職を決めました。

Q 仕事をはじめて印象的だったことは？

テレビの世界とのちがいという点で、印象的だったことが大きく2つあります。

1つめは、空間のつくりかたに対する考えかたのちがいです。テレビでは、映像を撮影するためにセットをつくるので、とにかく見ばえをよく

わたしの仕事道具 🔧

三角定規と刷毛

アイデアを思いついたときに、手描きで図面や絵などを描くのに使う道具です。指にたこができるほど使っている三角定規は、前職のときにデザインの師しょうからもらったものです。色をぬる刷毛も、前職でお世話になった協力会社の人にもらったものです。どちらも初心をわすれないよう、使いつづけています。

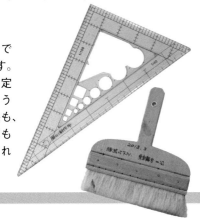

つくることが大切でした。

しかし、乃村工藝社がつくる空間は、そこにじっさいにお客さまが入ったり遊んだりすることで完成します。ですから、どんな人が来ても、安全に長い時間、その空間で楽しんでもらえることを考えてつくることが大切です。また、お客さまにその空間の世界観を、じゅうぶん感じとってもらうことも大切です。

たとえば、ムーミンバレーパークなら、かべの古びた感じを出すときに、見ばえだけ重視するならば、じっさいに古びた板を使うこともできます。ですが、お客さまの安全や長いあいだ使うことのできる耐久性を考えると、そんなことはできません。見ばえと安全性、耐久性のバランスをみながら設計する必要がある

ため、材料を選ぶのにはとても苦労しています。

2つめは、さまざまな得意分野をもった多くのデザイナーがチームとなってひとつの世界をつくるということです。ムーミンバレーパークのときは、さまざまな視点をもつチームの人たちの世界観がぶれないよう、意見をまとめることがとてもたいへんでした。その分、いままで経験したことのない、大がかりな空間をつくりあげることができて、とても感動しました。

Q 仕事をするうえで大切にしていることは？

3つあります。1つめは、クライアントに最初の企画提案をする前に、徹底的に勉強してその世界観を知ることです。ムーミンバレーパークのときは、ムーミンの小説だけ

＊月曜日の午後9時からはじまるテレビドラマの通称です。とくにフジテレビでは目玉のドラマが放送されます。

笹さんの手描きのラフスケッチは、チームの人たちがイメージを共有するための重要な役割をもっています。

でなく、舞台となるフィンランドの生活や食べものについて、つねに意識して情報を集め勉強しました。

2つめは、手描きのラフスケッチにこだわって、相手に思いを伝えることです。自分の手を使って空間のイメージやデザインなどを描くことで、より説得力のある提案をすることができると思っています。

3つめは、クライアントと

なるべく多くの時間を共有することです。いまは新型コロナウイルスの影響でむずかしい状況ですが、いっしょになやむことで、ほんとうのパートナーになれると思っています。

苦手なことでも挑戦してみることが大切

Q 今後の目標はなんですか?

企画から空間デザインにかかわりたいと思って乃村工藝社に転職し、ありがたいことに2年めのムーミンバレーパークの仕事で、企画の立案や映像の制作まではば広くかかわることのできる機会を得ました。

デザイナーが企画づくりに

かかわることの大切さを、以前よりも感じるようになりました。これからは、さらに一歩進めて、自分でコンテンツを見つけて、企画や空間のストーリーをつくり、提案していきたいと思っています。

Q 子どもたちに伝えたいことは?

学生のときは、勉強や運動などで評価されがちで、成績が悪いと好きな仕事につけないと思うかもしれません。

でも、好きで打ちこんでいれば、チャンスはいくらでもあります。苦手だと思っていることでも挑戦してみることが大切です。デザイナーになりたいけど、絵が苦手、という人もけっしてあきらめないで挑戦しつづけてください。

一問一答 Q&A

Q 小さいころになりたかった職業は?
建築家

Q 小・中学生のころ得意だった科目は?
図工、国語、社会

Q 小・中学生のころ苦手だった科目は?
算数(数学)、音楽

Q 会ってみたい人は?
妹尾河童(グラフィックデザイナー・舞台美術家)

Q 好きな食べものは?
するめいか、おでん、すきやき

Q 仕事の気分転換にしていることは?
息子と遊ぶこと

Q 1か月休みがあったら何をしたいですか?
温泉めぐりや図書館ですごすこと

Q 会社でいちばん自慢できることは?
その人の個性を大切にしてくれて、チーム力を発揮できること

乃村工藝社ではたらく

笹朝斐さんの一日

スタート！！

子どもを保育園にあずけたあと、仕事を開始するまでに家事をかたづけます。

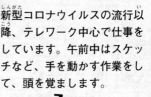

新型コロナウイルスの流行以降、テレワーク中心で仕事をしています。午前中はスケッチなど、手を動かす作業をして、頭を覚まします。

起床・朝食	子どもを保育園にあずける	仕事を開始	昼食	社内のメンバーとオンライン会議
5:30	7:30	9:00	12:00	13:00

就寝	夕食	資料作成	子どもに夕食を食べさせて、ねかしつける	保育園に子どもをむかえにいく	ラフスケッチのつづきを描く	協力会社とオンライン会議
23:30	22:00	20:30	19:30	17:00	16:00	14:00

夕食は、おそくなっても夫婦でいっしょにとるようにしています。

メールのチェックや翌日の会議の資料作成など、事務作業を行い、一日の仕事を終えます。

いまは、協力会社との打ちあわせも、オンラインで行うことがふえました。

コロナ時代のはたらきかた

視野が広がり、周囲を気にかけるようになった

仕事以外のものに目を向ける時間がふえた

これまでは、会社やクライアント、工事の現場などを行き来して仕事をしていました。

テレワークが中心になったことで、仕事のあいまに散歩をしたり、本を読んだり、社会の様子を雑誌やテレビで知るなど、仕事以外のものに目を向ける時間がふえました。

人との身体的な距離はできましたが、その分視野が広がり、家族や同僚など、まわりの人の様子を気にかけるようになったように思います。

この経験で得た気づきを今後にいかす

人や社会を幸せにするデザインを考えたり、おたがいをいかしあう仕事の進めかたを考えたりするときに、この経験で得た気づきがいいかたちで影響してくれればいいと思います。

45

乃村工藝社取締役の
奥野福三さんに聞きました

好奇心をもち、みずから挑戦する姿勢が「創造性」につながっていく

創造性を発揮して「歓びと感動」をとどける

乃村工藝社は、2022年に創業130年をむかえる会社です。創業当時から、空間づくりを通じて、人びとに「歓びと感動」を提供してきました。

クライアントと、つくった空間に集まるお客さまに歓びと感動、笑顔をおとどけするためには、社員が創造性を発揮し、健康で生きがいをもって仕事ができることが大切と考え、さまざまなとりくみを通して、会社全体で社員を応援しています。

この会社にしかできない社会への貢献を

当社では、「ノムラマインド*」という仕事の心得を、社員全員が共有し、自分から積極的に仕事を動かすという強い意欲を大切にしています。

時代の変化や新型コロナウイルスの影響で、空間のありかたは大きく変わっていきますが、この「ノムラマインド」に共感して、社会に貢献できる新しい価値をわたしたちといっしょにつくってくれる人をもとめています。

クリエイティブな仕事には自分の体験があらわれる

空間デザインのようなクリエイティブな仕事では、自分の体験や知識がつくるものにあらわれます。インターネットで調べるだけではなく、ぜひ「自分で体験し、自分で深く考え、自分で意見をいう」という行動や思考のくせをつけてください。

また、さまざまなことに好奇心をもち、好きなものを見つけて、自分から挑戦してください。それが新しい価値を生みだす「創造性」につながっていきます。

社員が心と体をリセットしてじゅうぶんに創造性を発揮できるよう、休けいも打ちあわせもレクリエーションもできる「リセットスペース」が本社内にもうけられています。社員みずから、空間の企画・デザイン、運営を手がけています。

*乃村工藝社ではたらく人たちが共有する「随所に主となる意欲」「不断の向上心」「クリエイティブな精神」「付加価値の高い仕事をしている自負」「強いチームで仕事をする自覚」「感謝する心」の6つからなる仕事の心得です。

仕事の種類別さくいん

会社にはさまざまな役割の人がいる！

会社ではたらく人のおもな仕事を、大きく10種類に分けてとりあげています。
このさくいんでは『職場体験完全ガイド』の61～75巻［会社員編］で紹介した、すべての会社の巻数と掲載ページを調べることができます。

■取材協力

Non-Profit Organization Flower Carpet
NTT 都市開発 株式会社
株式会社 大林組
株式会社 電通ライブ
株式会社 ニジゲンノモリ
株式会社 乃村工藝社
株式会社 ムーミン物語
京阪ホールディングス 株式会社
宗教法人 神田神社
大成建設 株式会社
大和ハウス工業 株式会社
東宝 株式会社
トヨタ自動車 株式会社
西日本旅客鉄道 株式会社
飯能地域資源利活用 共同会社
日和山観光 株式会社
三井不動産 株式会社

■写真提供

Wim Vanmaele
株式会社 伸和
株式会社 ムーミン物語
飯能地域資源利活用 共同会社
薮内正直

■スタッフ

編集・執筆	青木一恵
	安藤千葉
	大宮耕一
	田口純子
撮影	糸井康友
	大森裕之
	竹内洋平
校正	菅村薫
	渡辺三千代
デザイン	sheets-design
編集・制作	株式会社 桂樹社グループ

職場体験 完全ガイド 会社員編　　建てもの・空間をつくる会社 **72**

三井不動産・大林組・ダイワハウス・乃村工藝社

発行　2021年4月　第1刷

発行者　千葉 均
編集　柾屋 洋子
発行所　株式会社 ポプラ社
　　　　〒102-8519
　　　　東京都千代田区麹町4-2-6
　　　　ホームページ　www.poplar.co.jp
印刷・製本　大日本印刷株式会社

ISBN978-4-591-16939-1
N.D.C.366　47p　27cm
Printed in Japan

ポプラ社はチャイルドラインを応援しています

18さいまでの子どもがかけるでんわ
チャイルドライン®
0120-99-7777
毎日午後**4**時～午後**9**時 ※12/29～1/3はお休み
電話代はかかりません 携帯（スマホ）OK

18さいまでの子どもがかける子ども専用電話です。
困っているとき、悩んでいるとき、うれしいとき、
なんとなく誰かと話したいとき、かけてみてください。
お説教はしません。ちょっと言いにくいことでも
名前は言わなくてもいいので、安心して話してください。
あなたの気持ちを大切に、どんなことでもいっしょに考えます。

チャット相談は
こちらから

仕事の現場に完全密着！
取材にもとづいた臨場感と説得力!!

職場体験 完全ガイド
N.D.C.366（職業）

全75巻

図書館用特別堅牢製本図書